LE TESTAMENT

1144. — Abbeville — Typ. et stér. Gustave Retaux.

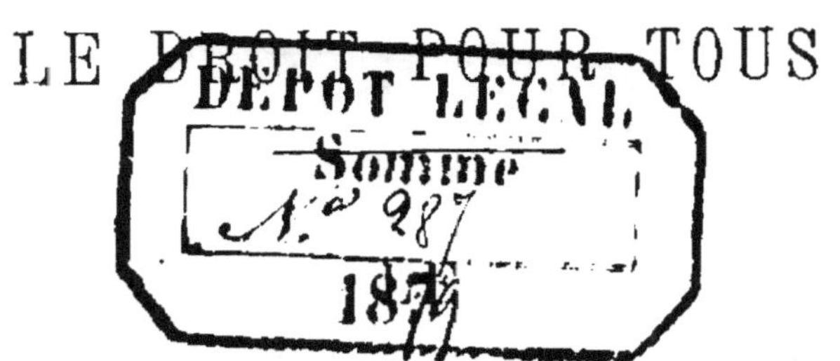

TESTAMENT

SON ORIGINE

SON CARACTÈRE, SA FORME, SES EFFETS

PAR

UN MAGISTRAT

PARIS

LIBRAIRIE CH. DELAGRAVE

15, RUE SOUFFLOT, 15

—

1879

AVANT-PROPOS

Personne, dit-on, n'est censé ignorer la loi : et c'est là en effet une fiction nécessaire, en ce sens que personne ne peut être admis, devant la justice, à invoquer comme défense ou comme excuse son ignorance de la loi. Mais si c'est une fiction nécessaire, il n'en est pas qui soit plus éloignée de la réalité. Parmi les gens du monde, ceux mêmes qui sont d'ailleurs instruits et éclairés, n'ont des premiers principes du droit que des notions incertaines et confuses. C'est l'inobservation de règles ou de formalités généralement fort simples qui engendre la plupart des procès et amène la perte des droits les plus légitimes.

S'il en est ainsi, c'est sans doute qu'en dehors de l'école et du palais on n'a pas aisément les moyens de connaître le droit. Et, en effet, les recueils de jurisprudence, les traités, même les manuels, qui sont si utiles aux étudiants, ne sont accessibles qu'aux gens du métier et sont lettre close pour les profanes. Nos codes eux-mêmes, si clairs qu'ils soient, forment un énorme volume qui ne peut être manié sûrement que quand on en a la clef.

On a donc pensé qu'il serait utile de mettre la connaissance du droit, du moins dans ses parties les plus usuelles, à la portée de tous, dans une série d'opuscules qu'on a essayé de rendre simples et clairs. Un exposé des principes, des indications tirées de la doctrine et de la jurisprudence, des conseils pratiques, voilà ce qu'ils contiennent. On en a banni toute controverse et on ne s'y est servi que de termes et de raisonnements qui puissent être aisément compris de tous.

Le premier de ces opuscules traite du testament, et particulièrement du testament olographe. On pense que quiconque le lira sera en état de faire un testament régulier et, dans sa forme du moins, à l'abri de toute attaque.

Il sera suivi d'autres plus ou moins nombreux suivant le goût et le désir du public.

LE TESTAMENT

Le droit de donner est né le même jour que le droit de propriété.

Le droit de tester, c'est-à-dire de donner les biens qu'on laissera à sa mort, est une suite du premier.

Mais, au lieu de se dépouiller actuellement, comme dans la donation, de la chose dont il est le maître, le testateur exerce son droit de propriété pour le temps où il aura cessé d'exister et à l'égard des biens qu'il aura cessé de posséder. C'est là le caractère essentiel et original du testament.

A raison même de ce caractère, on en a, comme Mirabeau à l'Assemblée constituante, contesté le principe, ou, sans le contester, on a, comme les jurisconsultes du siècle dernier, soutenu que le testament, pure création du droit civil, n'a d'autre fondement que la volonté du testateur. « Le pouvoir de disposer de nos biens après notre mort, disait il y a cent ans l'avocat général Gilbert Des Voisins, ne nous appartient pas naturellement. La mort dépouille les hommes de tout; et ce qu'ils n'ont point exécuté pendant leur vie,' leur volonté ne peut le faire après leur mort, si la loi, qui est immortelle, ne prend soin de le faire accomplir. C'est donc proprement la loi qui imprime le caractère et l'autorité aux volontés des défunts, qui autrement seraient caduques. »

Cette doctrine, qui confond le principe du droit avec l'autorité qui le sanctionne et le fait respecter, est une erreur.

Le testament est, comme la plupart des progrès que l'humanité a lentement réalisés, l'œuvre du temps et de la liberté. Il tire sans doute sa première origine de la coutume des patriarches de partager, avant leur mort, leurs biens entre leurs descendants ou de prescrire de quelle façon ce partage devrait se faire après eux. Toutefois, comme il est une manifestation énergique du droit de l'individu au regard de la tribu ou de la cité, et suppose déjà un état social relativement avancé, on n'en trouve, dans les sociétés primitives, que des traces embryonnaires. Il semble que les Juifs et les Égyptiens l'ont connu. Mais c'est en Grèce qu'il nous apparaît avec son caractère propre, et un des plus anciens testaments qui soient parvenus jusqu'à nous est celui de Solon.

Depuis cette époque, le testament a, s'il est permis de le dire, sa racine dans le cœur de tous ceux qui ont vécu dans une société régulière. Il est l'expression nécessaire de leurs idées et de leurs sentiments sur la transmission des biens après la mort. Il est, à leurs yeux, inséparable du droit de propriété. De même qu'il n'est personne qui ne se croie maître du produit de son travail, il n'est personne qui travaille pour que ce qu'il acquiert aille, à son décès, se perdre dans la communauté. Du consentement universel, il est conforme à la justice aussi bien qu'à l'intérêt de tous, que chacun puisse, dans une mesure qui varie suivant la qualité de ses héritiers, régler sa succession. Tel est le véritable fondement du droit de tester. La volonté du législateur ne le crée pas plus qu'elle ne crée le droit de propriété. Elle le reconnaît, le consacre et détermine la forme, les conditions et les effets du testament.

DÉFINITION DU TESTAMENT.

Dans la définition que le Code civil donne du testament, chacun des termes qu'il emploie est digne d'attention. Le testament, dit-il, est « un acte », c'est-à-dire, l'œuvre d'une volonté unique : par lequel « le testateur dispose », parce qu'il ne peut déléguer à une autre personne le droit de régler sa succession ; « de tout ou partie de ses biens », parce qu'il ne peut disposer du bien d'autrui, par exemple, de celui de sa femme ou de ses enfants mineurs, et que, pourvu qu'il ne porte pas atteinte à la réserve ou portion que la loi assure aux parents en ligne directe, il peut disposer d'une portion quelconque de son bien ; « et qu'il peut révoquer », c'est-à-dire modifier ou anéantir à son gré, parce que, à l'inverse de la donation, le testament n'est pas un contrat, et ne confère de droit à personne avant la mort du testateur.

DES CONDITIONS REQUISES POUR FAIRE UN TESTAMENT VALABLE.

La première condition, pour faire un testament valable, est d'être « sain d'esprit ».

CE QUE LA LOI ENTEND PAR ÊTRE SAIN D'ESPRIT.

Être « sain d'esprit », sain d'entendement, c'est être capable d'une volonté libre et réfléchie. Ces mots, dans leur concision, comprennent tous les accidents qui sont de nature à troubler l'esprit du testateur et à lui enlever la faculté d'apprécier l'acte qu'il se propose d'accomplir.

A la vérité, il n'est pas d'acte de la vie civile qui ne demande une volonté libre et réfléchie, et un fou ne peut pas plus vendre que tester valablement. Mais si la loi a exprimé, en cette matière, une règle qu'elle sous-entend partout ailleurs, c'est qu'elle a entendu lui donner, à l'égard des testaments, une force particulière et indiquer qu'ils pourraient être attaqués, à raison de l'état d'esprit de leurs auteurs, dans des cas où les autres actes ne pourraient pas l'être. La raison en est que les testaments ne coûtent rien à ceux qui les font, qu'ils dépouillent les familles sans compensation et qu'ils peuvent être annulés sans porter atteinte à des droits acquis par des tiers de bonne foi.

DE LA DÉMENCE.

Ainsi sont d'abord, et sans aucun doute, incapables de tester, ceux qui pourraient être interdits, comme étant dans un état habituel d'imbécillité, de démence ou de fureur.

L'imbécillité est une faiblesse de l'esprit telle qu'elle ne permet pas d'avoir des conceptions nettes et distinctes des choses.

La démence comprend toutes les variétés de la folie. La fureur est la démence qui porte à des actes violents et menace la sécurité publique.

DE LA DÉMENCE PARTIELLE ET DE LA MONOMANIE.

Mais, d'ordinaire, ces tristes maladies n'envahissent pas brusquement l'intelligence et n'y abolissent pas d'un seul coup la conscience. Elles ont quelquefois des intermittences. Souvent, au lieu de frapper à la fois l'intelligence dans toutes ses fonctions, elles n'y causent que des troubles partiels. Entre les fous authentiques et les personnes parfaitement raisonnables se trouvent, s'il faut en croire les médecins, beaucoup de gens dont l'esprit est atteint d'affections plus ou moins graves, et qui, aux yeux du monde, ne sont aliénés que le jour où ils ont achevé de l'être. La mieux caractérisée et la plus connue de ces affections est la monomanie, qui fait délirer sur un point, en laissant raisonner juste sur tout le reste. Il y en a des exemples célèbres. On ne rappellera pas celui de l'abbé d'Orléans, le fils de la fameuse duchesse de Longueville, qui, la nuit, poursuivait ses valets dans les écuries pour les confesser de force, et qui, en célébrant la messe, demandait qu'on lui apportât des pots. L'abbé d'Orléans était plus qu'un monomane, il avait totalement perdu l'esprit. Mais Horace, parle, dans ses épîtres, d'un Grec bien né, bon voisin, hôte aimable, excellent mari, maître indulgent pour ses esclaves, qui allait joyeusement s'asseoir dans le théâtre vide et y applaudir des acteurs imaginaires. Au commencecement du siècle dernier, vivait à Toulouse un homme qui, fort sensé en apparence sur tous les autres points, se croyait fille et voulait se faire passer pour telle. Celui-ci, qui parle congruement de ses affaires, est persuadé que ses parents, aidés des médecins, veulent l'empoisonner. Celui-là, assiégé de terreurs, voit dans ses voisins des ennemis implacables qui cherchent à lui ôter la vie, par l'eau, le fer et le feu. Il n'en écrit pas moins d'excellents mémoires pour ses procès. Cet autre, qui est de grande maison et a un fils héritier de son nom et de ses armes, lègue à sa cuisinière son portrait, les diamants de sa femme, ses porcelaines, sa bibliothèque composée de livres de philosophie, de droit et d'art militaire, et lui confie à perpétuité, à elle et à ses héritiers, la garde de son corps. Étaient-ils capables de tester ? Prétendre, comme on l'a fait, que Socrate, parce qu'il avait son démon familier, était un monomane, n'est qu'un paradoxe impertinent. Mais Pascal, dans ses derniers jours, en proie à des hallucinations qui lui faisaient voir un abîme ouvert à ses pieds, et Rousseau, poussé au suicide par les persécutions d'ennemis supposés, étaient-ils « sains d'esprit » dans le sens de la loi ?

Comme les questions de cette nature sont essentiellement des questions de fait, qui varient à l'infini, on ne peut les résoudre d'avance par des principes certains : et on doit, dans chaque cas particulier, examiner, d'après l'ensemble des circonstances, si la lésion, dont l'intelligence a été atteinte, a été assez profonde pour mettre le testateur hors d'état d'avoir et d'exprimer une volonté raisonnable et libre. A cet égard, le caractère même de ses dispositions doit être pris en grande considération. Suivant qu'elles porteront la trace de la manie, ou seront à peu-près celles qu'une personne de bon sens aurait prises, on y verra l'œuvre d'un esprit malade ou sain. Sans doute un testament, fût-il le plus sage du monde, ne peut être confirmé, quand il émane d'un homme certainement aliéné. En ce cas, on peut présumer qu'il n'a fait, comme cela s'est vu fréquemment, que copier un modèle, ou écrire sous la dictée d'autrui. Mais ici c'est précisément l'état d'esprit du testateur qui est en doute. On recherche s'il s'est trouvé en deçà ou au delà de cette ligne presque insaisissable qui sépare la raison de la folie. Or, sur ce point, le testament lui-même fournit le plus souvent un témoignage décisif.

Des défaillances de mémoire, de légères absences, un certain affaiblissement de l'esprit, comme l'âge en amène chez les vieillards, n'emportent pas la preuve d'un dérangement des facultés intellectuelles suffisant pour faire annuler un testament. Il en est de même des travers d'esprit et de caractère, des humeurs sombres et bizarres, des manières de vivre singulières. A plus forte raison en est-il ainsi des opinions, si étranges et si éloignées des idées reçues qu'elles puissent paraître, exprimées par le testateur en matière de philosophie ou de science, de religion ou de politique. Ni les originaux, ni les hérétiques, ne sont des fous. Il y a quelques années se trouvait à Paris un gentilhomme portugais, riche, savant, passionné pour l'étude de l'histoire naturelle, et ayant pour les oiseaux une sorte de culte. Il avait institué une rente pour qu'après sa mort la pâture fût assurée chaque jour aux oiseaux des Tuileries, et prescrit qu'à son enterrement on portât derrière son cercueil son geai favori. Il avait publié un livre dans lequel sous des formes, à la vérité, confuses et incohérentes, il avait émis des *idées* analogues aux doctrines alors peu connues de Darwin. Son livre, qui était d'un méchant écrivain et peut-être d'un faux savant, faillit faire casser son testament qui, malgré certaines clauses insolites, méritait sûrement de ne pas l'être.

DES INTERVALLES LUCIDES.

Une personne qui est notoirement dans un état habituel de démence est capable néanmoins de tester dans un intervalle lucide, c'est-à-dire dans le temps où elle a momentanément repris possession de sa raison. Il y a des genres d'aliénation qui présentent des intervalles lucides assez fréquents. Mais la preuve, on le comprend, n'en est pas aisée à rapporter, et la meilleure preuve s'en trouve d'ordinaire dans le testament lui-même.

DE L'INTERDICTION ET DU PLACEMENT DANS UN ÉTABLISSEMENT D'ALIÉNÉS.

L'interdiction, ou l'état de tutelle auquel les tribunaux peuvent soumettre les personnes atteintes de démence, n'enlève pas de plein droit à celles-ci la faculté de tester. Mais , en fait , elle les fait justement présumer incapables. Cette présomption, sans disparaître, est beaucoup moins forte, lorsqu'il s'agit de personnes placées sans jugement dans un établissement d'aliénés.

DE LA FIÈVRE ET DE L'IVRESSE.

Le délire causé par la fièvre et l'ivresse peut, suivant leur intensité, être une cause d'incapacité.

DE LA COLÈRE ET DE **LA HAINE**.

Il est conforme à la tradition et peut-être aussi à l'esprit de la loi d'en dire autant de la colère et même de la haine, pourvu qu'au moment de la confection du testament, elles aient été à la fois si aveugles et si déréglées qu'elles ne puissent s'expliquer que par une véritable insanité d'esprit. Mais se sont là des cas qui ne se rencontrent guère dans la réalité, et, sous peine de supprimer toute liberté testamentaire, il faut prendre garde de donner le nom d'insanité au caprice, à la méchanceté et à l'injustice.

DES AVEUGLES, DES SOURDS, DES MUETS.

Les aveugles, les sourds, les muets peuvent faire un testament, à la double condition d'en comprendre la portée et d'être en état d'exprimer leur volonté dans les formes réglées par la loi.

DES PRODIGUES.

Ceux qui, à raison de leur prodigalité, ont reçu un conseil judiciaire, mais dont l'intelligence est entière, sont manifestement capables de tester.

DE LA VIOLENCE ET DU DOL.

La violence, l'erreur, le dol, qui altèrent la volonté dans son essence, sont des causes de nullité du testament, comme ils le sont des contrats et, en général, des actes de la vie civile.

Il importe peu que la violence ou le dol ait été exercé par celui au profit de qui l'acte est fait, ou par une tierce personne, puisque dans les deux cas la liberté du disposant a subi la même atteinte.

On entend par dol des manœuvres pratiquées sur une personne, dans le but de surprendre sa volonté, et telles qu'il est évident que, sans ces manœuvres, elle n'aurait pas agi comme elle l'a fait.

DE LA SUGGESTION ET DE LA CAPTATION.

Le testament est nul, lorsqu'il a été obtenu à l'aide de suggestion et de captation accompagnées de dol.

En elles-mêmes, la suggestion et la captation ne sont pas illicites. Suggérer, c'est proprement donner un conseil, fournir une inspiration, faire naître un projet dans l'esprit d'une personne. Or, rien n'est plus légitime et souvent rien n'est plus sage, en matière de testament, que de donner ou de demander conseil. D'une part, en effet, les difficultés qui s'élèvent, en cette matière, viennent le plus souvent de l'inexpérience des testateurs, dont les volontés dernières les plus respectables et les plus sages périssent fréquemment, faute par eux d'avoir osé ou voulu s'ouvrir de leurs intentions à un homme honorable et éclairé. D'autre part, ne fût-on pas dépourvu d'expérience, on se trompe aisément dans le règlement de ses propres affaires, parce qu'on les apprécie avec ses passions autant qu'avec sa raison. On a vu cent fois des testaments d'hommes de loi mettre leurs interprètes à la torture. Le testament fait d'après l'avis d'un conseil et même sur la remise d'un modèle est donc valable. Ce n'est pas là la substitution d'une volonté étrangère à la volonté du testateur. C'est un moyen souvent nécessaire pour que la volonté du testateur puisse se manifester légalement.

La captation n'est pas non plus interdite par la loi. Il est permis de s'attirer la bienveillance d'une personne, non-seulement par d'honorables services, mais encore par des attentions calculées et de feintes démonstrations de tendresse. Sans doute les présents, les affections vraies ou simulées, les complaisances, les caresses, les prières, dans la vue de provoquer des libéralités, ne sont pas louables à cause du motif d'intérêt qui en est le mobile. Ils le sont encore moins, lorsqu'ils sont mis en œuvre par une personne unie au testateur par les liens d'une intimité honteuse. Mais, même alors, ces pratiques, réprouvées par la morale et par l'honneur, ne doivent pas, en général, être considérées comme ayant détruit la liberté du testateur. Pour qu'elles prennent ce caractère, il faut que le dol et la fraude viennent s'y joindre sous forme de machinations ayant pour but de nuire directement aux autres, de séparer le testateur de sa famille, de faire naître et d'entretenir son irritation contre elle par des calomnies, et de le séquestrer, de peur qu'on ne le détrompe. L'exemple le plus commun et le plus frappant de ces manœuvres dolosives est celui de la domestique ou de la concubine qui exerce une domination absolue sur l'esprit d'un vieillard, fait le vide autour de lui, ferme sa porte à sa famille et à ses amis, flatte sa sensualité, et menace de le priver ou de plaisirs dont elle l'a fait esclave, ou de soins que ses infirmités rendent à la fois pénibles et indispensables.

DE LA CAPACITÉ DU DROIT.

Pour tester valablement, il ne suffit pas d'être en état d'exprimer une volonté libre et réfléchie, il faut encore être, aux yeux de la loi, capable de transmettre ses biens : il faut joindre à la capacité de fait la capacité de droit.

DU MINEUR DE MOINS DE SEIZE ANS.

Le mineur de moins de seize ans ne peut faire de testament.

DU MINEUR AYANT ACCOMPLI SA SEIZIÈME ANNÉE.

Le mineur, qui a accompli sa seizième année, qu'il soit sous la puissance paternelle, ou en tutelle, ou émancipé, peut faire un testament : mais il ne peut disposer que de la moitié des biens dont peut disposer le majeur. On traitera dans un autre opuscule de la quotité de biens dont le testateur peut disposer, des personnes en faveur desquelles il lui est interdit d'en disposer et des différentes espèces de legs.

DE LA FEMME MARIÉE.

La femme mariée peut tester sans l'autorisation de son mari, par ces deux motifs également décisifs, que le testament est essentiellement l'œuvre de la volonté du testateur, et que, quand le testament de la femme recevra son effet, l'autorité maritale aura pris fin avec le mariage lui-même.

DES CONDAMNÉS A DES PEINES AFFLICTIVES PERPÉTUELLES.

Le Code civil frappait les condamnés à des peines afflictives perpétuelles, c'est-à-dire à la mort, à la déportation et aux travaux forcés à perpétuité, de mort civile, et, par suite, de l'incapacité de disposer par testament. La loi du 31 mai 1854, qui a aboli la mort civile, a expressément maintenu cette incapacité, et déclaré que « le testament fait par le condamné antérieurement à sa condamnation est nul ». Toutefois, aux termes de cette même loi, cette incapacité n'est encourue par le condamné par contumace ou qui n'a pas été présent à sa condamnation, que cinq ans après l'exécution par effigie : et, même après l'expiration de ce délai, elle disparaît, si, après s'être représenté à la justice dans les quinze années qui suivent, le contumace meurt avant d'avoir été jugé de nouveau ou n'est plus condamné qu'à une peine temporaire.

DES DÉPORTÉS.

La loi du 28 mars 1873, qui règle la condition des déportés à la Nouvelle-Calédonie, a adouci, au profit des condamnés qui sont mariés, la rigueur de la loi de 1854. Elle leur permet en effet de disposer par testament, comme si leur capacité était entière, « en faveur de leurs conjoints habitant avec eux ».

L'interdiction légale, à laquelle le Code pénal soumet les condamnés à la peine des travaux forcés à temps, de la détention et de la réclusion, dans le but de les empêcher de jouir de leurs biens pendant la durée de cette peine, ne leur enlève pas la faculté de tester.

DES ÉTRANGERS.

La loi du 14 juillet 1819 a accordé la même faculté aux étrangers qui sont, sous ce rapport, assimilés à des Français, pour les biens qui leur appartiennent en France.

DES FAILLIS.

Les faillis ne sont pas déclarés par la loi incapables de tester : mais comme les créanciers d'une succession doivent être payés avant les légataires, leurs dernières volontés, en ce qui concerne la disposition de leur actif, ne peuvent avoir d'effet.

DU TEMPS OU LA CAPACITÉ EST REQUISE.

On a vu plus haut qu'on distingue la capacité de fait ou faculté naturelle d'exprimer une volonté libre et réfléchie, et la capacité de droit ou faculté légale de transmettre ses biens par testament. Il est nécessaire que toutes deux se rencontrent dans la personne du testateur au moment où il fait son testament. Il suffit qu'il jouisse de la seconde au moment de sa mort. Il en résulte que, si une personne a testé en parfait état de raison ou pendant un intervalle lucide, et meurt en état de démence, ou même frappée d'interdiction par la justice, son testament n'en doit pas moins recevoir son exécution. La conséquence peut paraître singulière, et elle a été en effet contestée, du moins à l'égard de l'interdit. Mais le principe est absolument certain. La volonté du testateur, une fois exprimée, et non révoquée, est censée persister jusqu'à sa mort, et il n'y a pas à tenir compte des accidents qui, en fait, ont pu le mettre hors d'état de manifester une volonté nouvelle. S'il en était autrement, d'ailleurs, bien peu de testaments seraient valables, car il y a bien peu de gens qui meurent sans avoir subi, pendant un temps plus ou moins long, une altération essentielle de leurs facultés mentales.

Après les règles qui ont trait à la capacité du testateur, il convient d'exposer celles qui se rapportent à la forme du testament.

DE LA FORME DU TESTAMENT.

Le Code civil reconnaît trois sortes de testament : le testament olographe, le testament par acte public, et le testament mystique.

Comme le testament par acte public et le testament mystique ne peuvent se faire sans l'assistance d'un notaire qui, dès lors, est appelé à éclairer le testateur sur la forme comme sur le fond de ses dispositions, on ne parlera ici que du testament olographe.

DU TESTAMENT OLOGRAPHE.

Le testament olographe, et il n'est assujetti à aucune autre forme, doit être écrit en entier, daté et signé de la main du testateur. Le qualificatif « olographe » vient de deux mots grecs qui signifient « tout écrit ».

SES AVANTAGES.

Cette simplicité de forme présente des avantages manifestes.

Elle permet en effet de faire son testament en tout temps et en tout lieu, en une ligne et en un moment, dès que le testateur est sous le coup d'un danger grave. Elle lui permet aussi de le méditer longuement, dans le silence du cabinet, comme de le remanier et de le refaire aussi fréquemment qu'il le juge à propos. Elle lui permet enfin de le garder caché, à l'abri des suggestions et des menaces, des récriminations et des prières, comme un secret entre lui et sa conscience, que sa mort seule révèlera.

SES INCONVÉNIENTS.

Les inconvénients n'en sont pas moins apparents.

Elle laisse le testateur livré à lui-même, sans conseil et sans guide. Elle ne fait pas, comme les testaments qui requièrent le concours d'un officier public, présumer que le testateur était sain et libre d'esprit au moment où il a testé. Elle laisse enfin le testament exposé à toutes les chances de destruction.

Quoi qu'il en soit, et avant de reprendre chacun des éléments qui composent le testament olographe, c'est le lieu de placer, à l'exemple de la loi elle-même, quelques règles générales relatives, soit à la forme, soit même au fond des testaments.

DE L'INTENTION DE TESTER.

Il est évident d'abord que, pour qu'il y ait un testament, il est indispensable que l'auteur de l'acte qu'on prétend être un testament ait eu l'intention certaine de tester.

DES TESTAMENTS PAR LETTRE MISSIVE.

Cette règle reçoit son application, lorsque l'écrit, revêtu d'ailleurs des formes testamentaires, se trouve porté sur un registre domestique ou que c'est une lettre missive. Dans ces cas et autres semblables, le doute sur la valeur légale de l'acte vient de ce qu'on n'a pas l'habitude de tester ainsi et que dans les écrits de cette nature, les expressions de libéralité sont moins l'effet d'une volonté absolue et définitive, que des indices de simples projets, ou des témoignages de bienveillance qui sont faits pour donner des espérances, mais non pour créer des droits. Aussi ne peuvent-ils valoir comme testaments qu'autant qu'ils manifestent clairement, de la part de leurs auteurs, l'intention de disposer actuellement des biens qu'ils laisseront à leur décès.

MOYEN DE DISTINGUER LE TESTAMENT DE LA DONATION.

On pourrait douter aussi si le disposant a voulu faire un testament ou une donation, dans le cas où l'acte contiendrait uniquement ces mots : « Je donne tel bien à un tel ».

Le moyen de prévenir toute incertitude à cet égard est de se conformer à un usage qui a, comme on voit, sa raison d'être, et d'inscrire, en tête de son testament, ces mots : « Ceci est mon testament » ou : « Telles sont mes dernières volontés ».

DES TERMES QUE LE TESTATEUR PEUT EMPLOYER.

Pour exprimer ses volontés, le testateur est libre d'employer les termes qu'il lui plaît de choisir. La loi ne lui impose aucune formule sacramentelle. Elle ne lui impose pas davantage l'obligation d'instituer un héritier qui soit, après sa mort, son représentant et le continuateur de sa personne. Sous ce rapport, il peut tester comme il veut et pour la fraction de ses biens qu'il veut. Il peut, à son gré, donner tout ou partie, c'est-à-dire faire des legs universels ou des legs particuliers. S'il s'agit d'un legs universel, il peut indifféremment s'exprimer ainsi : « J'institue pour héritier » ou : « Je nomme pour mon légataire universel » ou : « Je donne tous mes biens ». S'agit-il de legs particuliers, il peut user des termes qui expriment le commandement, comme « je veux, j'entends, j'ordonne », ou de ceux qui expriment la prière, comme « je prie, je désire, je recommande ». Toutefois, à l'égard de ces derniers termes, comme on pourrait, dans certaines circonstances, prétendre qu'ils ne constituent pas des legs obligatoires, il est sage au testateur de s'expliquer nettement, et de dire, si pour l'exécution de telle ou telle de ses volontés, qui pourrait paraitre douteuse, il veut être obéi, ou s'il s'en rapporte à l'appréciation de ses héritiers.

DES CODICILLES.

De cette liberté que la loi laisse au testateur, il suit qu'il n'y a lieu de distinguer entre le testament et les codicilles. Dans le langage vulgaire, on appelle testament l'acte qui contient les principales dispositions du défunt, et codicilles les actes par lesquels il y a ajouté quelques autres dispositions. Mais, en droit, ils sont soumis aux mêmes formes et il n'y a entre eux aucune différence.

DE L'EXHÉRÉDATION.

Si celui qui ne laisse pas d'héritiers à réserve peut disposer de ses biens comme il l'entend, du moins faut-il, pour la validité de son testament, qu'il en ait disposé. Il ne lui est donc pas permis de déshériter ou exhéréder, d'une manière générale, ses héritiers, sans disposer en même temps au profi d'autres personnes. L'exhérédation de quelques-uns des héritiers est d'ailleurs considérée comme une disposition implicite, mais suffisante, au profit des autres.

ON NE PEUT TESTER VERBALEMENT.

On peut donner sans acte, sans écrit, de la main à la main, et c'est ce qu'on appelle, en droit, le don manuel. Mais l'écriture est de l'essence du testament. On ne peut tester verbalement ou de vive voix. La loi n'a pas voulu qu'on pût être admis à prouver par témoins la manifestation de volontés qui ne peuvent offrir de certitude que lorsqu'elles sont consignées par écrit.

DES TESTAMENTS CONJONCTIFS.

La loi défend également les testaments qu'on appelle « conjonctifs », et qui sont faits « dans le même acte » par deux ou plusieurs personnes. La raison en est que le testateur doit toujours rester libre de changer de volonté. Or, le testament conjonctif indique par lui-même une sorte de convention dans laquelle la disposition d'une des parties est supposée être la cause de la disposition de l'autre. « Je vous donne, parce que vous me donnez », et réciproquement, ou « Je donne à un tiers, parce que vous lui donnez aussi ». En ce cas, si l'un peut révoquer le testament, sans que l'autre le révoque ou même en soit averti, la bonne foi est blessée : et s'il ne peut révoquer sans l'assentiment de l'autre, sa liberté disparaît.

Mais il importe de le remarquer, le caractère essentiel des testaments conjonctifs est d'être faits « dans le même acte », d'être d'un seul contexte, de ne former qu'un testament unique. Il en résulte que deux ou plusieurs personnes ont la faculté de s'entendre pour faire séparément, soit à leur profit réciproque, soit au profit d'un tiers, leurs testaments, chacune conservant son droit entier de révocation, bien qu'étant tenue par l'honnêteté de n'en pas user à l'insu des autres. Il en résulte encore que, ainsi qu'on l'a jugé, deux testaments écrits, l'un sur le verso, l'autre sur le recto de la même feuille de papier, par deux personnes qui se sont réciproquement nommées légataires universelles, sont valables, quoique matériellement inséparables et faits en contemplation l'un de l'autre.

Il convient de revenir maintenant aux conditions extérieures du testament olographe, qui sont l'écriture, la date et la signature.

DE L'ÉCRITURE.

L'écriture est le témoignage le plus certain que le testament est l'œuvre personnelle du testateur.

Pour faire un testament olographe, il faut donc asvoir écrire et être en état d'écrire.

DE L'ASSISTANCE D'UN TIERS.

L'assistance d'un tiers qui conduirait et dirigerait sur le papier la main du testateur pour la formation des lettres et des mots qu'elles composent, serait une cause de nullité du testament. On a cependant admis, par une distinction, qui n'est peut-être pas absolument conforme à l'esprit de la loi, que le testament doit être réputé écrit par le testateur, lorsque le concours du tiers a été purement mécanique et a laissé au testateur sa complète liberté d'esprit, lorsque, par exemple, le tiers a dû poser la main sur le papier à l'endroit où il fallait tracer chaque mot ou chaque syllabe, veiller au renouvellement de l'encre de la plume, avertir, quand il fallait finir une ligne ou en commencer une autre, le testateur qui, à raison de son état de cécité presque complet, n'aurait pu former, sans ce secours étranger, un corps d'écriture cohérent et lisible. On est d'ailleurs d'accord pour reconnaître qu'il ne suffit pas que le testateur reproduise, sans intelligence et par un mouvement machinal, les caractères que sa main trace, par exemple, d'après un modèle, et assisté d'une personne qui appelle une à une les lettres de chaque mot. Il est nécessaire qu'il ait la conscience de ce qu'il fait et l'intelligence de la valeur des mots que sa main forme sur le papier.

DES MOTS ÉCRITS D'UNE MAIN ÉTRANGÈRE.

La loi veut que le testament soit écrit «en entier» de la main du testateur. Il en résulte qu'un seul mot qui serait écrit d'une main étrangère rendrait le testament nul, quand même ce mot serait superflu dans le testament.

Cette règle, toutefois, ne doit pas s'entendre sans tempéraments.

En premier lieu, les mots écrits d'une main étrangère ne vicient le testament qu'autant qu'ils en font partie, qu'ils se lient intimement et font corps avec lui. Ou ils se trouvent dans le texte même et dans la suite du testament : et dans ce cas, si insignifiants qu'ils soient, ils frappent le testament de nullité, parce qu'ils témoignent d'une manière certaine qu'un tiers en a écrit une portion. Ou ils se trouvent, et c'est ce qui arrive le plus souvent, en marge, en interligne ou en surcharge. On ne les considère alors comme faisant partie du testament qu'à la double condition qu'ils soient couverts par la date et la signature, et qu'ils se rapportent au testament, c'est-à-dire qu'ils aient pour objet d'exprimer une disposition nouvelle, ou bien de compléter, de modifier ou d'éclairer les dispositions écrites de la main du testateur. S'ils sont, par la place qu'ils occupent, en dehors du testament, ou s'ils n'ont ni relation avec cet acte, ni portée légale, on n'en tient aucun compte. Mais, dans le cas contraire, qu'ils soient utiles ou super-flus, et que, sans eux, le testament présente ou non un sens complet et suffisamment clair, on ne peut arbitrairement les en retrancher, et ils en en-traînent, par suite, la nullité.

Mais, en second lieu, ils doivent avoir été mis dans le testament du consentement du testateur. Il est clair que l'œuvre de celui-ci ne peut souffrir aucune atteinte de clauses ajoutées par un tiers après coup à son insu, et peut-être après sa mort.

Dans le doute, on doit accueillir cette dernière présomption qui est favorable au testament. Mais il arrive assez fréquemment que l'état même du tes-tament, l'encre dont on a fait usage, l'endroit où il a été trouvé, et les autres circonstances de fait jettent une lumière suffisante sur le point de savoir si les additions ont été faites au moment de la con-fection du testament, ou postérieurement, et si elles ont été connues ou ignorées du testateur.

DE L'EMPLOI D'UNE LANGUE ÉTRANGÈRE.

Comme il n'est pas permis d'ajouter aux condi-tions exigées par la loi, le testament peut être écrit en toute autre langue que la française.

DE LA MATIÈRE SUR LAQUELLE LE TESTAMENT EST ÉCRIT.

Il peut l'être sur une matière quelconque avec un instrument quelconque. Mais l'emploi de moyens exceptionnels doit se justifier par des circonstances exceptionnelles. C'est ainsi qu'on a reconnu valable le testament tracé au crayon par un berger qui vivait loin des habitations. Un testament ainsi fait à la ville passerait aisément pour un projet, un brouillon, ou un acte sans conséquence.

DE L'EMPLOI DU PAPIER TIMBRÉ.

Le testament écrit sur du papier ordinaire est parfaitement valable. Mais on doit employer du papier timbré à 60 centimes la feuille, pour obéir à la loi fiscale qui en impose l'obligation, et pour ne pas exposer sa succession au paiement d'une amende de 50 francs.

DE LA DATE.

La date a principalement pour objet de constater la capacité naturelle ou civile du testateur au moment du testament, et de fournir le moyen de distinguer, entre plusieurs testaments, celui qui ré-voque l'autre.

EN QUOI ELLE CONSISTE.

Elle consiste dans l'indication du jour, du mois et de l'année. Toute autre indication, comme celle de l'heure ou du lieu, est superflue. Mais il ne suffirait pas d'avoir marqué le jour et le mois sans marquer l'année, ni d'avoir marqué le jour et l'année sans marquer le mois, ni d'avoir marqué le mois et l'année sans marquer le jour. Il est, en effet, essentiel que l'on puisse connaître le jour précis où le testament a été fait. Ce jour peut d'ailleurs se trouver exprimé sans indication du quantième du mois, comme dans les exemples suivants : « le 1ᵉʳ de l'an 1870 », « le jour de Pâques de 1879 », ou même sans indication tirée du calendrier, comme : « le jour de la naissance de mon premier enfant », ou « 1859, jour anniversaire de la prise de Sébastopol », etc.

La date peut, suivant le commun usage, être mise en chiffres aussi bien qu'en toutes lettres. Mais il est plus régulier et plus prudent de la mettre en toutes lettres, parce que, sous cette forme, il est moins facile de l'altérer.

DE LA DATE INCOMPLÈTE OU INEXACTE.

La date incomplète ou inexacte équivaut à l'absence de date et emporte, par suite, nullité du testament. Il y a des dates dont l'inexactitude se manifeste par elles-mêmes, comme celles du « 31 avril » ou « 31 novembre ». D'autres fois, l'erreur apparaît par la comparaison de la date avec les dispositions que le testament contient, par exemple, quand le testateur fait un legs à un enfant désigné par son nom et son sexe qui n'était pas né à la date indiquée, ou dispose d'un bien qu'il n'a acheté que plus tard. Le plus souvent elle se révèle par cette circonstance que la date apparente du testament est antérieure à celle du papier timbré, qui est indiquée par le filigrane ou marque imprimée dans la pâte même du papier.

On a remarqué que ces erreurs, de conséquence si grave, puisqu'elles vicient entièrement le testament, sont fréquentes. La cause en est que souvent les testateurs, en recopiant un testament ancien, pour le modifier en quelque partie, ou pour y ajouter quelque disposition nouvelle, en reproduisent aussi la date par inadvertance. La prudence la plus simple commande donc, d'accord avec la loi, d'avoir constamment soin de donner au testament qu'on écrit, fût-il la copie d'un testament antérieur, la date du jour où on l'écrit.

Cependant ces erreurs de date peuvent quelquefois ne pas entraîner la nullité du testament. C'est ce qui arrive, lorsqu'ayant été involontaires de la part du testateur, les énonciations mêmes du testament permettent de les rectifier de façon à lever toute incertitude. Ainsi un testament, daté du 2 mai 1860, et écrit sur du papier daté de 1861, instituait pour exécuteur testamentaire « X... actuellement instituteur à .... ». Or le 2 mai 1862, X... avait cessé d'être instituteur. On en a justement conclu que le testament avait été fait à la date certaine du 2 mai 1861. Mais il est inutile de faire remarquer que de pareilles rectifications sont rarement possibles.

DE LA SIGNATURE.

La signature est requise pour attester la vérité du testament et la personnalité du testateur.

EN QUOI ELLE CONSISTE.

Régulièrement, elle est l'apposition, au bas du testament, du nom de famille du testateur écrit en toutes lettres, tel qu'il est inscrit sur les registres de l'état civil. Mais, encore que la loi défende de prendre un autre nom, on admet que le testament n'en est pas moins valable pour être signé d'un nom d'emprunt, nom de terre ou sobriquet, sous lequel le testateur est connu et signe habituellement. La signature ecclésiastique des évêques est, comme on le sait, une croix suivie de leurs prénoms ou des initiales de leurs prénoms, et de l'indication de leur dignité. Elle a été reconnue valable à propos du testament de Massillon.

Il est essentiel, en un mot, qu'il y ait une signature et que cette signature ne laisse pas d'incertitude sur la personne du signataire. Des initiales, sans autre indication et une simple croix, comme en mettent d'ordinaire au bas des actes les personnes illettrées, ne sont pas une signature. Mais une mauvaise orthographe, l'omission d'une ou de plusieurs lettres, la forme vicieuse des caractères, où parfois on ne rencontre aucune des lettres connues de l'alphabet, n'empêchent pas la signature d'être bonne, pourvu qu'elle fasse reconnaître le signataire.

La signature doit être nettement détachée et séparée du reste du testament. Si en effet le nom se trouvait dans le corps de l'acte, on pourrait, suivant les circonstances, prétendre que l'acte n'a pas été signé et qu'il est resté à l'état de projet. C'est ainsi qu'on a déclaré nul, faute de signature, un testament dont la dernière phrase portait « Fait et signé par moi X.... le .... ».

DE LA PLACE DE LA DATE.

La date peut être placée au commencement ou à la fin du testament : mais elle doit précéder la signature qui est le complément et la perfection de l'acte. Toutefois, comme la loi, en faisant de la date une des formes substantielles du testament, ne contient aucune prescription formelle sur la place qu'elle doit occuper, l'observation de cette dernière règle elle-même n'est pas toujours rigoureusement exigée : et on admet que, bien que la date se trouve au

milieu du testament, intercalée entre deux dispositions, soit même au-dessous de la signature, cet
acte n'en est pas moins valable pour le tout, lorsque son état matériel et sa teneur manifestent que
ses dispositions ne forment qu'un seul et même
contrat écrit d'un seul jet et sans désemparer.

DE LA PLACE DE LA SIGNATURE.

Si la date peut indifféremment précéder ou suivre
le corps du testament, pourvu qu'elle se rapporte
à toutes les dispositions qu'il renferme, il en est
autrement de la signature. La signature, qui est la
marque de l'authenticité donnée par le testateur à
ses dispositions, doit nécessairement les suivre.
C'est pourquoi toute disposition écrite après la
signature est nulle, si elle n'est elle-même signée.

On a eu en vue dans ce qui précède les testaments qui présentent un aspect régulier, et un corps
d'écriture suivi, dans lequel les dispositions viennent les unes après les autres, bien et clairement
ordonnées. Mais il n'en est pas toujours ainsi.

DES RATURES, SURCHARGES ET INTERLIGNES.

On trouve dans beaucoup de testaments des
blancs, des ratures, des surcharges, des interlignes,
des renvois, des barres, des astérisques, etc...
Considérées en elles-même et indépendamment des
dispositions auxquelles elles se rapportent, ces im-

perfections matérielles, bien que fâcheuses, sont
sans importance légale, à moins qu'elles ne soient
de telle nature qu'on puisse être tenté de regarder
le prétendu testament comme un brouillon ou
projet informe ou qu'on n'y puisse plus reconnaître
aucune disposition nette et précise.

DES DISPOSITIONS ADDITIONNELLES.

Mais il arrive souvent que des dispositions additionnelles, et d'ailleurs suffisamment claires, se
trouvent, sans être ni datées ni signées, ou du moins
sans être datées, en interligne, en marge ou en
post-scriptum.

Ces dispositions en interligne ou en marge sont
valables ou nulles, suivant une double distinction.
Quelle que soit leur nature, elles sont valables, sans
être ni datées, ni signées, si elles ont été faites en
même temps que le testament lui-même, par la
date et la signature duquel elles sont couvertes.
Elles sont encore valables, bien qu'elles soient pos-
térieures au testament, si elles sont uniquement
destinées à éclaircir, expliquer ou compléter les
autres dispositions auxquelles elles se lient, comme
le commentaire se rattache au texte. Elles sont
nulles au contraire, si, constituant des dispositions
nouvelles et distinctes, elle ne sont pas suivies de la
date spéciale à laquelle elles ont été faites. Cette dernière distinction se justifie par cette considération
que, dans le premier cas, loin d'altérer ou de déna-

turer l'acte, elles le confirment, tandis que, dans le second cas, elles le modifient de telle sorte qu'au premier testament s'ajoute un testament nouveau, qui ne peut valoir qu'autant qu'il est revêtu des formes légales.

Il en est de même des dispositions écrites en post-scriptum, en ce qui concerne la date, mais la date seulement, puisque, ainsi qu'on l'a vu, tout post-scriptum, même contemporain du testament, doit être signé.

Il importe donc de dater et de signer toutes les dispositions additionnelles, pour éviter que des difficultés ne s'élèvent, soit sur le temps où elles ont été écrites, soit sur leur nature.

DU TESTAMENT ÉCRIT SUR DNS FEUILLES SÉPARÉES.

Le testament peut être écrit sur des feuilles séparées, avec une date et une signature uniques au bas de la dernière feuille, à la condition qu'il existe, entre ces feuilles, la date et les dispositions qu'elles renferment, une liaison qui n'en forme qu'un seul et même acte.

Enfin la loi n'a pas exigé que le testament olographe fût fait en un seul jour et à la même date. Le testateur peut donc rédiger ses dispositions successivement, à des dates différentes, et pendant un espace de temps plus ou moins long : et, dans ce cas, il lui est loisible de dater ou de ne pas dater chacune de ses dispositions, de les signer ou de ne pas les signer isolément. Il est seulement essentiel que l'ensemble soit daté et signé de sa main.

RÉSUMÉ.

On vient d'exposer dans quels cas le testament est considéré comme valable en la forme, et dans quel cas il ne l'est pas. La jurisprudence, interprétant la loi dans un sens bienveillant, est venue souvent au secours de l'inexpérience des testateurs. Mais il serait imprudent de se régler sur ses décisions et de faire ce qu'elle a pu légitimement tolérer dans des circonstances exceptionnelles. La règle qui ne trompe pas est dans la loi, et il n'en est pas d'ailleurs de plus facile à observer.

Il n'y a pas en effet de testament qui puisse être attaqué pour vice de forme, si on observe les prescriptions suivantes :

Mettre en tête ces mots « ceci est mon testament » ou « telles sont mes dernières volontés » ;

L'écrire en entier de sa main ;

A la suite des dispositions et en la détachant du corps du testament, placer la date ;

Avoir soin d'inscrire la date réelle du jour où on écrit ;

Placer sa signature au-dessous de la date ;

Si on apporte en marge quelque addition ou modification au contenu du testament, la dater et la signer ;

Si la modification est importante, refaire le testament ;

Si on ajoute un post-scriptum, le dater et le signer.

On conviendra qu'avec des formes aussi simples les testateurs, qui exposent leurs dernières volontés à être annulées et préparent des procès à leurs successeurs, sont sans excuse.

DU TESTAMENT MILITAIRE.

On ne parlera pas du testament militaire, du testament maritime et du testament fait en temps de peste, pour lesquels il suffit de se reporter au texte de la loi.

DU TESTAMENT EN PAYS ÉTRANGER.

En pays étranger, le Français peut faire un testament olographe.

Il peut également tester par acte authentique, suivant les formes usitées dans le pays où il se trouve, et aussi devant le Chancelier du Consulat français.

De même l'étranger, qui peut disposer par testament des biens qu'il possède en France, a la faculté de tester, à l'étranger, dans les formes du pays où il réside, et, en France, dans la forme olographe : mais, à la différence du Français, auquel la loi française a accordé, sur ce point, une faveur exceptionnelle, il ne peut valablement user de la forme olographe que dans les pays étrangers où cette forme est admise.

Le testament fait en pays étranger, soit par un étranger, soit même par un Français, ne peut être exécuté en France qu'après enregistrement au bureau du dernier domicile du testateur, et au bureau de la situation des immeubles dans le cas où le testament en contiendrait disposition.

DE LA RÉVOCATION DU TESTAMENT.

On vient de voir comment on peut faire un testament : on va voir comment on peut le révoquer, c'est-à-dire le défaire ou lui enlever toute valeur légale.

Les legs et autres dispositions testamentaires sont, par leur nature, des ordonnances de dernière volonté et, par conséquent, sont ce que le testateur est censé avoir librement voulu au dernier instant qu'il a cessé de vouloir. Il suit de là qu'il est de leur nature que ces dispositions soient toujours révocables, et que le testateur ne peut, par conséquent, ni par promesse, ni par serment, ni d'aucune façon, s'interdire la faculté de les révoquer, qui est la garantie de sa liberté.

DE LA CAPACITÉ REQUISE POUR RÉVOQUER.

Il s'ensuit également qu'il faut avoir la même capacité pour révoquer que pour faire un testament, et que les vices de volonté qui sont des causes de nullité des dispositions testamentaires sont des causes de nullité de la révocation de ces dispositions. C'est ainsi que la révocation d'un testament n'est pas valable, si elle a été faite dans le délire de la fièvre qui a entraîné la mort du testateur.

La révocation peut être, ou générale, lorsque le testateur révoque le testament ou les legs et autres dispositions testamentaires qui y sont contenues, ou particulière, lorsque le testateur révoque un certain legs ou autre disposition particulière.

Elle est expresse ou tacite : expresse, quand la volonté du testateur à cet égard est formellement exprimée ; tacite, quand elle se manifeste par quelque acte qui la suppose nécessairement.

DE LA RÉVOCATION EXPRESSE.

La révocation expresse, comme le testament, doit être par écrit, parce qu'il serait trop dangereux de faire dépendre les dernières volontés d'un testateur de la déclaration de témoins qu'on pourrait suborner pour assurer qu'il les a révoquées.

Mais il ne suffit pas qu'elle soit par écrit : il faut encore qu'elle soit faite ou par un testament postérieur, ou par un acte notarié portant déclaration du changement de volonté.

Le testament postérieur peut indifféremment être olographe, mystique ou notarié, pourvu qu'il soit valable : car s'il était irrégulier et nul, il ne pourrait avoir pour effet d'opérer révocation.

On admet en général qu'un acte écrit en entier, daté et signé du testateur, peut révoquer un testament antérieur, alors même que cet acte ne contient aucune disposition de biens. On considère un tel acte comme ayant la force d'un testament, parce qu'il est, en réalité, une sorte d'institution au profit des héritiers légitimes, et, dans tous les cas, et de la part du testateur, un acte de dernière volonté. La loi entend par ces mots « testament postérieur » un acte fait dans la forme d'un testament. Il n'est pas permis, en effet, de supposer qu'elle ait voulu soumettre l'acte de révocation, qui rend les biens à la famille, à des formes moins simples que le testament qui les lui enlève.

DE LA RÉVOCATION PAR ACTE NOTARIÉ.

La révocation par acte notarié exige la présence réelle du notaire en second, ou de deux témoins au moment de la lecture de l'acte par le notaire et de la signature par la partie. Elle requiert ainsi des formes moins solennelles que le testament par acte public qui doit être reçu par deux notaires, en présence de deux témoins, ou par un notaire en présence de quatre témoins.

Il pourrait donc arriver, et il est en effet arrivé plus d'une fois, qu'un testament par acte public, contenant révocation d'un testament antérieur, fût nul, à raison d'un vice de forme, en tant que testament, et valable en tant qu'acte notarié. On s'est demandé quel est, dans ce cas, le sort de la clause révocatoire, et s'il est permis, pour la déclarer valable, de la séparer des autres dispositions du testament. Or, on ne le peut pas, parce que, si le testateur est à son gré libre de révoquer par un testament ou par un acte notarié, il doit, en usant du choix qui lui est laissé par la loi, se conformer aux règles qui sont propres à l'acte qu'il choisit, et que, s'il donne en révoquant, il y a lieu de présumer qu'il n'a révoqué que pour donner et sous la condition que ses dispositions nouvelles seraient exécutées. Il n'en serait autrement, et la clause révocatoire ne devrait être considérée comme valable qu'autant que le testateur aurait expressément déclaré qu'il entendait que, dans tous les cas, elle aurait son effet.

DE LA RÉVOCATION CONDITIONNELLE.

Ce qu'on vient de dire implique, ce qui est d'évidence, que la révocation, au lieu d'être pure et simple, peut être conditionnelle et soumise à telle éventualité qu'il plaît au testateur d'envisager.

DE LA RÉTRACTATION DE LA RÉVOCATION.

La révocation d'un testament ne l'anéantit pas, elle est seulement une défense de l'exécuter par suite du changement survenu dans la volonté du testateur. Il en résulte que, si la défense est levée, le testament, dont la forme était intacte, reprend sa force légale. Une absence de volonté le rendait nul : un retour certain de volonté est nécessaire pour le rétablir dans son premier état : mais, dès que cette volonté paraît, le testament revit de plein droit.

C'est ce qui arrive, lorsque le testateur rétracte purement et simplement la révocation qu'il avait faite de son testament. Comme la révocation avait eu pour résultat de rendre les biens du testateur à ses héritiers naturels, la rétractation de cette révocation n'aurait aucun sens, si elle n'annonçait l'intention de faire revivre le testament au préjudice de ces héritiers.

Mais, la plupart du temps, un testateur ne révoque un premier testament que pour faire des dispositions nouvelles. S'il vient ensuite à révoquer le second testament, on peut se demander s'il a voulu faire revivre le premier ou mourir sans testament. C'est là, on le comprend, une question d'intention qui doit se décider d'après les circonstances. C'est encore un point sur lequel le testateur a le devoir de s'expliquer clairement.

DE LA RÉVOCATION TACITE.

La révocation tacite est celle qui, à défaut de volonté exprimée, résulte de faits qui font nécessairement présumer, de la part du testateur, l'intention de révoquer.

Elle a lieu, lorsque le testateur aliène la chose léguée, c'est-à-dire en confère la propriété à une autre personne, ou lorsque les dispositions contenues dans le premier testament ne peuvent pas se concilier avec les dispositions contenues dans le second et lorsque, d'après les circonstances, on doit supposer que le testateur n'a pas voulu que les unes et les autres s'exécutassent en même temps.

C'est encore ici une question de fait et d'intention, et il n'en est pas qui ait donné lieu à de plus nombreux procès. On ne saurait donc trop rappeler aux testateurs combien il est nécessaire qu'ils prennent, en pareil cas, la peine de dire ce qu'ils veulent. Pour ne citer qu'un exemple extrêmement simple, un premier testament a légué à X... une somme de 2,000 francs ; un second testament, qui modifie le premier sur d'autres points , lègue également à X... une somme de 2,000 francs; X.... en réclame 4,000 et on plaide. Rien n'était plus aisé au testateur que de dire si en définitive il léguait à X... 2,000 ou 4,000 francs. Il en est de même dans une infinité de cas où, s'il est suffisamment éclairé, le testateur, en gardant le silence, manque au devoir le plus impérieux et le plus facile à remplir.

La loi prend soin de déclarer que la révocation expresse ou tacite, faite dans un testament postérieur, doit avoir son effet, quoique le nouveau testament reste sans exécution. Bien qu'on puisse en effet présumer que la révocation n'a eu d'autre cause que les dispositions prises dans le nouveau testament, il n'en est pas moins vrai que le testateur a manifesté la pensée de ne pas persévérer dans ses dispositions primitives, qui ne pourraient reprendre leur force que par une volonté nouvelle, et que l'inefficacité du second testament ne saurait tenir lieu de cette volonté absente.

DE LA DESTRUCTION DU TESTAMENT.

Il y a encore une sorte de révocation tacite qui se produit par la destruction du testament : et il ne saurait y en avoir de moins équivoque, lorsque le testament est brûlé, qu'il est mis en pièces, ou qu'il est entièrement raturé et bâtonné, ou encore que la date et la signature en sont effacées.

Toutefois le testament peut avoir été détruit ou raturé, soit par cas fortuit, soit par une main étrangère. C'est là un fait qui peut être établi par tous les modes de preuve. Mais le légataire qui se prévaut d'un testament détruit par cas fortuit, s'il n'est pas tenu d'en reconstituer la teneur exacte et littérale, doit du moins prouver avec certitude que le testament a péri par suite d'un événement indépendant de la volonté du testateur, que celui-ci a ignoré cette perte, et que le testament remplissait toutes les conditions nécessaires pour être valable.

DES RATURES.

Il en est de même à l'égard du bâtonnement et des ratures. Suivant que le testament aura été trouvé au domicile du testateur ou en la possession d'un tiers, on présumera plus aisément que le bâtonnement est l'œuvre du testateur ou celle d'une autre personne.

Si une partie seulement du testament a été biffée ou barrée, l'autre partie conserve sa valeur légale, pourvu qu'il lui reste, avec la date et la signature, les caractères essentiels d'un testament.

DE LA LACÉRATION.

En cas de lacération ou déchirement partiel, la partie retranchée n'existe plus légalement, même quand elle existe encore matériellement : et, quant à la partie conservée par le testateur, on devra, suivant les circonstances, décider s'il a eu ou non la pensée d'en maintenir la valeur testamentaire. C'est ainsi qu'un codicille, écrit, daté et signé de la main du testateur, et contenant l'institution d'un légataire universel, a pu être déclaré valable, alors que la partie inférieure de la feuille sur laquelle il était écrit, avait été lacérée par le testateur au milieu d'une phrase, et qu'il n'y avait aucun lien entre cette phrase demeurée incomplète au recto, et celle qui se lisait en haut du verso.

Sur tous ces points encore il dépend de la prudence du testateur de prévenir toute difficulté.

Il reste à parler des précautions qu'on peut prendre ou des formalités qu'on doit remplir pour que le testament ne disparaisse pas après la mort du testateur, et pour qu'il reçoive son exécution.

DU DÉPOT DU TESTAMENT CHEZ UN NOTAIRE.

Le moyen le plus certain d'assurer la conservation de son testament est de le déposer chez un notaire. On peut l'y déposer ouvert, ou, si on désire garder secrètes ses dernières volontés, clos et cacheté. Dans l'étude d'un notaire, le testament est plus qu'ailleurs à l'abri des chances de destruction fortuite, et garanti contre les risques de soustraction. Il est donc souvent sage de l'y déposer, lorsqu'on a définitivement arrêté ses dispositions. Ce dépôt d'ailleurs, il est à peine besoin de le dire, n'empêche nullement de changer de volonté, de modifier le testament et d'en faire un nouveau.

DES INSTRUCTIONS REMISES AVEC LE TESTAMENT.

Le testateur peut aussi confier son testament à un de ses parents ou amis. Souvent il lui remet en même temps des instructions sur les premières mesures à prendre après son décès, sur le règlement de ses funérailles, etc. Si elles sont écrites, datées et signées de la main du testateur, elles ont la même valeur que le testament lui-même. Dans le cas contraire, si respectables qu'elles soient, elles sont moralement, mais non légalement obligatoires.

Ces instructions spécifient quelquefois les cas dans lesquels le testament auquel elles se rapportent devra être produit ou anéanti. Lorsqu'elles remplissent les conditions qu'on vient de rappeler, elles ne font qu'un avec le testament, et c'est par les dispositions combinées des deux actes que la succession doit être réglée. Lorsqu'elles ne les remplissent pas, elles sont considérées comme non-avenues, parce que la volonté du testateur ne peut se manifester valablement que dans les formes déterminées par la loi. Il en résulte que des instructions purement verbales, alors même qu'elles sont prouvées, ne peuvent rien ajouter au testament, ni en rien retrancher. C'est ainsi que, par suite de la négligence du testateur, on a plus d'une fois ordonné l'exécution pure et simple de dispositions, qui, dans sa pensée et d'après les instructions verbales qu'il avait données, ne devaient être que conditionnelles.

DES COPIES DU TESTAMENT.

Il est prudent de faire plusieurs exemplaires de son testament, et de les placer dans des lieux différents. Chacun de ces exemplaires, alors même qu'il porterait en tête le mot « copie », est légalement un testament. En matière de testament, il ne peut en effet y avoir de distinction entre l'original et la copie : et la destruction d'un double ne saurait, en général, et à moins de circonstances exceptionnelles, invalider l'exemplaire qui réunit tous les caractères du testament olographe.

Telles sont les précautions que le testateur peut prendre lui-même : et voici les mesures qu'à son tour la loi enjoint pour la conservation, soit du testament, soit des valeurs mobilières laissées par le testateur.

LE TESTAMENT DOIT ÊTRE, APRÈS LA MORT, PRÉSENTÉ AU PRÉSIDENT DU TRIBUNAL.

Quiconque, juge de paix, notaire, ou particulier, trouve, après la mort du testateur, ou possède un testament, est tenu de le présenter au président du tribunal civil de l'arrondissement. Personne n'a le droit d'en prendre connaissance, ni, à plus forte raison, de le décacheter. Il importe en effet qu'il arrive entre les mains du magistrat dans l'état même où il a été laissé par le testateur.

Le juge de paix lui-même, qui trouve un testament, lors de l'apposition des scellés, n'a pas le droit de l'ouvrir, s'il est cacheté. Il doit se borner à en constater la forme extérieure, le sceau et la suscription, et à parapher l'enveloppe avec les parties présentes. Si le testament est ouvert, il en constate l'état. Dans tous les cas, il indique les jour et heure où il en fera la présentation au président du tribunal.

Par suite de l'ignorance, de la négligence, ou parfois de mobiles moins excusables, ces formalités ne sont pas toujours exactement remplies. Mais elles ne doivent pas l'être à peine de nullité du testament, parce que les légataires ne peuvent souffrir d'une inobservation qui généralement n'est pas leur fait.

DE L'OUVERTURE DU TESTAMENT.

Le président du tribunal procède à l'ouverture du testament, s'il est cacheté. Il dresse procès-verbal de la présentation, de l'ouverture et de l'état du testament, et en ordonne le dépôt chez un notaire, dans l'étude duquel tous ceux qui y ont intérêt en peuvent prendre connaissance. Ce dépôt est fait en outre pour qu'il en demeure une minute dont on puisse donner des expéditions à tous les intéressés.

L'ouverture du testament révèle des legs particuliers seulement, ou bien un ou même plusieurs legs universels.

DE LA DÉLIVRANCE DES LEGS.

Dans le premier cas, les héritiers appelés par la loi prennent, sans autre formalité, possession des biens de la succession, et les légataires particuliers sont tenus de leur demander la délivrance de leurs legs, c'est-à-dire d'en obtenir à l'amiable, et, s'il y a difficulté, par autorité de justice, la remise des objets légués. La demande en délivrance fait courir les intérêts.

Dans le second cas, on doit distinguer si le testament est notarié ou s'il est olographe, et si le défunt laisse ou non des héritiers à réserve.

S'il y a des héritiers auxquels une quotité des biens est réservée par la loi, ils sont investis par la loi de la possession des biens héréditaires : et le légataire universel, avant de toucher à ces biens, est tenu de leur demander délivrance de son legs.

DE LA SAISINE DU LÉGATAIRE UNIVERSEL ET DE SON ENVOI EN POSSESSION.

S'il n'y a pas d'héritiers à réserve et que le testament soit notarié, le légataire universel a la saisine ou possession de plein droit des biens de la succession.

Mais, alors même qu'il n'y a pas d'héritiers à réserve, si le testament est olographe, le légataire universel ne peut rien faire en cette qualité, avant de s'être fait envoyer en possession par une ordonnance du président du tribunal civil.

La raison de cette double différence est manifeste.

En premier lieu, le maintien de la saisine au profit des héritiers à réserve était le seul moyen de garantir, dans tous les cas, leur réserve contre toute atteinte.

En second lieu, même en l'absence d'héritiers à réserve, il n'était pas possible d'autoriser indistinctement tout individu, qui se prétendrait légataire universel, à s'emparer de la succession, sans qu'il fût préalablement pris aucune précaution pour garantir les droits des intéressés. Le légataire universel institué par un testament notarié a un titre authentique, dont l'exécution doit être aussitôt assurée. Le légataire universel institué par un testament olographe doit d'abord, avant de pouvoir mettre son titre à exécution, en faire reconnaître l'existence légale.

DE L'ORDONNANCE D'ENVOI EN POSSESSION.

C'est dans ce but qu'il est tenu de présenter, par le ministère d'un avoué, au président du tribunal civil, une requête au bas de laquelle celui-ci met son ordonnance d’envoi en possession.

Lorsque le président procède à l’ouverture d’un testament olographe, il remplit un office à peu près passif. Il est loin d’en être de même en ce qui concerne l’envoi en possession.

Sans doute il n’est pas, en cette circonstance, juge de la validité du testament qui n’est pas, à proprement parler, en question devant lui. Mais il manquerait au vœu de la loi et à la protection qu’il doit aux familles, s’il n’examinait quel est, du moins en la forme, le testament dont on lui demande provisoirement l’exécution, et aussi par qui et dans quelles circonstances il lui est présenté. Il doit donc s’assurer si l’acte qu’on produit devant lui est un testament, et si ce testament est régulier en la forme. Il doit rechercher s’il renferme un legs universel. Il peut refuser l’envoi en possession, lorsque l’écriture du testament est déniée par les héritiers et que leur contestation se fonde sur des motifs sérieux. On a même décidé qu’il peut encore repousser la requête du légataire universel, quand le testament est attaqué, non plus pour un vice de forme, mais au fond, et, par exemple, pour cause de démence du testateur et de captation, ou enfin quand le légataire universel n’offre pas des garanties suffisantes d’honorabilité et de solvabilité, et qu’il y a lieu de penser que le prétendu testament n’est qu’un instrument de fraude et de spoliation. Peut-être ces dernières décisions, qui s’expliquent aisément par les circonstances dans lesquelles on peut supposer qu'elles ont été rendues, donnent-elles à la loi une extension qui n'était pas dans la pensée du législateur.

ELLE N'EST PAS SUSCEPTIBLE DE RECOURS.

L'ordonnance d'envoi en possession rentre dans ce qu'on nomme la juridiction gracieuse du président. Le caractère de cette juridiction est que le magistrat y fait office d'administrateur plutôt que de juge et qu'au lieu de statuer à la suite d'un débat entre deux ou plusieurs parties, il répond à la demande d'une partie à qui la loi permet de se présenter seule devant lui. En conséquence, suivant l'opinion la plus généralement reçue, son ordonnance n'est pas susceptible de recours, et on n'en peut demander la réformation ni à lui-même, ni à d'autres juges.

Le légataire universel à qui il a refusé l'envoi en possession n'a d'autre ressource que de demander la délivrance aux héritiers, et, en cas de refus de ceux-ci, au tribunal.

Quant aux héritiers, de même qu'ils n'ont pas le droit d'intervenir auprès du président, avant qu'il ait rendu son ordonnance, ils n'ont pas le droit de se pourvoir contre elle, après qu'il l'a rendue en faveur du légataire universel.

DES MESURES CONSERVATOIRES QUI PEUVENT ÊTRE REQUISES.

Mais ils gardent tout entier le droit d'attaquer le testament : et, en attendant qu'ils le fassent tomber, ils ont la faculté de provoquer des mesures conservatoires que, du reste, les légataires soit universels, soit particuliers, peuvent également requérir : on veut parler de l'apposition des scellés et de l'inventaire.

DE L'APPOSITION DES SCELLÉS.

L'apposition des scellés et l'inventaire ont pour but de conserver les objets mobiliers laissés par le défunt et d'en constater la valeur.

Les scellés sont des bandes de papier ou des fils que le juge de paix ou son suppléant applique sur les portes des chambres et sur les ouvertures des meubles, de manière à les clore, et qu'il y fixe au moyen de cachets de cire revêtus de son sceau.

Le bris de scellés est un délit qui est puni de peines sévères, pouvant, dans certains cas, s'élever jusqu'à cinq ans de prison.

DE L'INVENTAIRE.

L'inventaire est un acte dressé par un officier public qui contient l'énumération, la description et l'évaluation des objets mobiliers et valeurs qui composent la succession, et l'énonciation et l'analyse sommaire des papiers qui en font partie.

QUI PEUT REQUÉRIR L'APPOSITION DES SCELLÉS ET L'INVENTAIRE.

L'apposition des scellés est le moyen d'empêcher ceux qui détiennent les effets de la succession de les détourner.

En conséquence, lorsqu'il y a des héritiers à réserve, le légataire universel a le droit de la requérir ; et le même droit appartient aux héritiers non réservataires à l'égard du légataire universel qui a la saisine ou qui est envoyé en possession des biens de la succession.

S'il y a plusieurs légataires universels, chacun d'eux peut la demander.

Les légataires particuliers et les créanciers munis d'un titre exécutoire ou d'une permission du juge, peuvent la demander également.

Elle peut être enfin requise en cas d'absence, soit de l'épouse du défunt, soit de ses héritiers ou de l'un d'eux, par les personnes qui demeuraient avec le défunt, et par ses serviteurs et domestiques. Ces personnes ont en effet intérêt à ce qu'on ne les soupçonne pas, en cas de difficultés, d'avoir enlevé des effets et valeurs de la succession.

En un mot, dans tous les cas où les intéressés sont absents ou incapables, l'apposition des scellés doit avoir lieu dans le plus bref délai après le décès, et, dans le cas où ils sont tous présents et capables, c'est une mesure que, la plupart du temps, il est bon de provoquer, parce qu'elle ne nuit à personne et sauvegarde les intérêts de tous.

L'inventaire peut être requis par tous ceux qui ont le droit de requérir l'apposition des scellés, hormis les personnes qui demeuraient avec le défunt, et ses serviteurs.

DU SÉQUESTRE.

Dans le cas enfin où les héritiers attaquent le testament, ils ont la faculté de demander le séquestre de la succession, c'est-à-dire la remise entre les mains d'un tiers désigné par la justice, des titres, valeurs et biens qui la composent.

DE LA RECONNAISSANCE ET DE LA VÉRIFICATION DE L'ÉCRITURE DU TESTAMENT.

Les héritiers, sans attaquer le testament olographe au fond, c'est-à-dire sans en demander la nullité, soit à raison de l'incapacité du testateur, soit à raison des dispositions qu'il renferme, peuvent en méconnaître l'écriture et la signature : et ils en peuvent aussi quelquefois contester la date, sans être obligés d'avoir recours à l'inscription de faux.

C'est un principe général, en matière d'actes

écrits et signés par de simples particuliers ou, comme on les désigne, d'actes sous seing-privé, que dans le cas où la partie désavoue son écriture ou sa signature, et dans le cas où ses héritiers déclarent ne pas les connaître, la vérification en est ordonnée en justice.

Or le testament olographe est un acte sous seing privé qui ne présente pas les mêmes garanties que le testament reçu par un notaire, parce qu'il est beaucoup plus facile à contrefaire.

Il faut donc qu'il soit reconnu par les héritiers pour être écrit et signé de la main du testateur ou que, sur leur refus de le reconnaître, l'écriture soit vérifiée par des experts.

Les juges peuvent d'ailleurs opérer eux-mêmes cette vérification et refuser de commettre des experts, alors qu'ils trouvent, soit dans la contexture matérielle du testament, soit dans sa comparaison avec d'autres pièces du procès, soit dans les circonstances de la cause, la preuve qu'il émane véritablement du défunt.

C'est ainsi que, lorsque le testateur a reconnu lui-même, de son vivant, par devant le notaire chez qui il en a fait le dépôt, son testament, pour être entièrement écrit et signé de sa main, il ne faut pas, en général, d'autre reconnaissance.

Comme c'est à celui qui invoque l'autorité d'un acte à en prouver la sincérité, c'est le légataire qui a la charge de faire procéder à la vérification, à moins qu'il ne s'agisse d'un légataire universel envoyé en possession en l'absence d'héritiers à réserve, par ordonnance du président. Dans ce dernier cas, ce sont les héritiers qui sont tenus de prouver la fausseté du testament.

La raison en est, suivant une jurisprudence depuis longtemps établie, bien que toujours vivement contestée, que l'envoi en possession accompli sans opposition ou même malgré l'opposition des héritiers du sang, met le légataire universel institué par un testament olographe dans la même situation que le légataire universel institué par un testament authentique : que les héritiers du sang, qui viennent ensuite réclamer la succession, se trouvent dans les conditions de tout demandeur, et que c'est à eux dès lors qu'incombe l'obligation de prouver le vice du titre du défendeur et la légitimité de leurs prétentions.

On voit par là quelle est l'importance de l'ordonnance d'envoi en possession, et quelle est la responsabilité du magistrat chargé de la rendre sans débat et sans appel.

Cette jurisprudence laisserait les héritiers trop désarmés et courrait risque de couvrir le dol et la fraude d'une protection fâcheuse, si elle était absolue. Mais elle admet ce tempérament, que la charge de prouver la sincérité du testament reste au légataire, malgré l'envoi en possession, lorsque la conduite de celui-ci a été de nature à rendre le testament suspect, et, par exemple, que lors de l'apposition des scellés, il a gardé le silence sur l'exis- .

tence du testament qui l'instituait, et s'est fait précipitamment envoyer en possession.

DE LA PREUVE DE L'ANTIDATE DU TESTAMENT.

Les héritiers peuvent aussi, dans certaines circonstances, établir, sans avoir recours à la procédure longue et compliquée de l'inscription en faux, que le testament a été antidaté. En règle générale, un testament, dont l'écriture est reconnue, fait pleine foi de sa date, et la fausseté de cette date ne peut être établie que par la voie de l'inscription de faux. Mais ce principe comporte des exceptions. Il cesse d'être applicable, lorsque le testament lui-même porte dans ses dispositions la preuve de la fausseté de sa date. Il en est de même, quand le testament est attaqué pour captation. Les mêmes manœuvres en effet qui ont asservi la volonté du testateur au point de lui suggérer des dispositions contraires à ses véritables intentions, ont pu tout aussi bien l'entraîner à donner à son testament une fausse date, pour le reporter à une époque non suspecte, où il n'était pas sous l'empire de la captation. Il serait contraire à la raison d'admettre que la date du testament, qui n'est après tout qu'une partie du testament, eût plus de force que les dispositions substantielles de cet acte, et qu'il fallût avoir recours à la procédure exceptionnelle de l'inscription de faux, pour infirmer cette date, alors que de simples présomptions peuvent suffire pour anéantir les clauses les plus essentielles du testament. Par les mêmes motifs, l'inscription de faux cesse également d'être nécessaire dans le cas où le testateur décède en état d'incapacité légale, laissant un testament daté d'une époque où il jouissait de la plénitude de ses facultés.

Tel sont les principes qui régissent la capacité du testateur, la forme et les effets du testament olographe.

CONCLUSION.

On terminera par deux réflexions.

Beaucoup de gens n'ont pas à faire de testament, parce qu'ils ne sauraient régler leur succession plus sagement que la loi elle-même. Mais, pour d'autres, qui sont nombreux aussi, faire leur testament est un devoir à l'accomplissement duquel les convient l'absence de parents proches, l'amitié, la reconnaissance, la charité, la pensée de faire du bien après leur mort. Or, dès qu'ils y sont résolus, ils ne doivent ni hésiter, ni remettre au lendemain. Il faut tester en pleine vigueur d'esprit et de santé, parce que nul ne peut se flatter que plus tard il sera libre et capable d'exprimer ses dernières volontés. Ce serait le lieu de rappeler ce que les orateurs chrétiens et les moralistes de tous les temps ont dit si souvent et si éloquemment de la mort elle-même. Combien de gens ont vu, avec désespoir, à leur moment suprême, la plume tomber de leur main défaillante ! Combien ont laissé sans ressources les êtres qu'ils avaient le plus aimés, et à qui ils devaient le plus ! Combien de femmes, pour ne citer que l'exemple le plus fréquent, ont passé du jour au lendemain de l'aisance à la misère, victimes de la négligence de maris dont elles étaient cependant l'unique affection, et dont le patrimoine allait enrichir des collatéraux éloignés, indifférents, inconnus, et quelquefois indignes !

D'autre part, il importe que le testateur ait la pleine conscience de l'acte qu'il accomplit. Le testament est d'une origine si ancienne, et d'un usage si fréquent, qu'on en oublie souvent le véritable caractère. C'est, comme on l'a vu, une des plus imposantes manifestations du droit de l'individu, se survivant pour mettre sa volonté à la place de celle de la loi. Aussi n'y a-t-il pas, dans la vie civile, d'acte qu'on doive faire avec plus d'attention, plus de respect de soi-même et des autres, et, on peut le dire, plus de religion. Le testateur doit se montrer d'autant plus scrupuleux, qu'il ne sera plus là pour répondre des suites de son testament, et qu'on ne saurait concevoir de pire lâcheté ou de légèreté plus coupable qu'une iniquité commise ou qu'un caprice imposé à l'abri du tombeau. Il faut, en un mot, que le testateur se souvienne qu'il fait œuvre de justicier et, suivant la forte expression du droit romain, de législateur.

TEXTE DES ARTICLES DU CODE CIVIL ET DU CODE DE PROCÉDURE CIVILE QUI SONT EXPLIQUÉS DANS LE PRÉSENT OPUSCULE.

CODE CIVIL.

893 On ne pourra disposer de ses biens, à titre gratuit, que par donation entre-vifs ou par testament, dans les formes ci-après établies.

895 Le testament est un acte par lequel le testateur dispose, pour le temps où il n'existera plus, de tout ou partie de ses biens, et qu'il peut révoquer.

901 Pour faire une donation entre-vifs ou un testament, il faut être sain d'esprit.

902 Toutes personnes peuvent disposer et recevoir, soit par donations entre-vifs, soit par testament, excepté celles que la loi en déclare incapables.

903 Le mineur âgé de moins de seize ans ne pourra aucunement disposer, sauf ce qui est réglé au chapitre IX du présent titre (1095).

904 Le mineur parvenu à l'âge de seize ans ne pourra disposer que par testament, et jusqu'à concurrence de la moitié des biens dont la loi permet au majeur de disposer.

905 La femme mariée ne pourra donner entre-vifs sans l'assistance ou le consentement spécial de son mari, ou sans y être autorisée par la justice, conformément à ce qui est prescrit par les articles 217 et 219 au titre *du mariage.*

967 Toute personne pourra disposer par testament, soit sous le titre d'institution d'héritier, soit sous le titre de legs, soit sous toute autre dénomination propre à manifester sa volonté.

968 Un testament ne pourra être fait dans le même acte par deux ou plusieurs personnes, soit au profit d'un tiers, soit à titre de disposition réciproque et mutuelle.

969 Un testament pourra être olographe, ou fait par acte public ou dans la forme mystique.

970 Le testament olographe ne sera point valable, s'il n'est écrit en entier, daté et signé de la main du testateur ; il n'est assujetti à aucune autre forme.

981 Les testaments des militaires et des individus employés dans les armées pourront, en quelque pays que ce soit, être reçus par un chef de bataillon ou d'escadron, ou par tout autre officier d'un grade supérieur, en présence de deux témoins, ou par deux commissaires des guerres, ou par un de ces commissaires, en présence de deux témoins (a).

982 Ils pourront encore, si le testateur est malade ou blessé, être reçus par l'officier de santé en chef, assisté du commandant militaire chargé de la police de l'hopice.

983 Les dispositions des articles ci-dessus n'auront lieu qu'en faveur de ceux qui seront en expédition militaire, ou en quartier, ou en garnison hors du territoire français, ou prisonniers chez l'ennemi ; sans que ceux qui seront en quartier ou en garnison dans l'intérieur puissent en profiter, à moins

---

(a) Ces témoins doivent etre mâles, majeurs, ni commis, ni délégués de celui qui reçoit le testament (*Instruct. minist. du 24 frim. an XII*).

qu'ils ne se trouvent dans une place assiégée ou dans une citadelle et autres lieux dont les portes soient fermées et les communications interrompues à cause de la guerre.

984 Le testament fait dans la forme ci-dessus établie sera nul six mois après que le testateur sera revenu dans un lieu où il aura la liberté d'employer les formes ordinaires.

985 Les testaments faits dans un lieu avec lequel toute communication sera interceptée à cause de la peste ou autre maladie contagieuse, pourront être faits devant le juge de paix, ou devant l'un des officiers municipaux de la commune, en présence de deux témoins.

986 Cette disposition aura lieu, tant à l'égard de ceux qui seraient attaqués de ces maladies, que de ceux qui seraient dans les lieux qui en sont infectés, encore qu'ils ne fussent pas actuellement malades.

987 Les testaments mentionnés aux deux précédents articles deviendront nuls six mois après que les communications auront été rétablies dans le lieu où le testateur se trouve, ou six mois après qu'il aura passé dans un lieu où elles ne seront point interrompues.

988 Les testaments faits sur mer, dans le cours d'un voyage, pourront être reçus, savoir :

A bord des vaisseaux et autres bâtiments du Roi, par l'officier commandant le bâtiment, ou, à son défaut, par celui qui le supplée dans l'ordre du service, l'un ou l'autre conjointement avec l'officier d'administration, ou avec celui qui en remplit les fonctions ;

Et à bord des bâtiments de commerce, par l'écrivain

du navire, ou celui qui en fait les fonctions, l'un ou l'autre conjointement avec le capitaine, le maître ou le patron, ou, à leur défaut, par ceux qui les remplacent.

Dans tous les cas, ces testaments devront être reçus en présence de deux témoins.

989 Sur les bâtiments du Roi, le testament du capitaine ou celui de l'officier d'administration, et, sur les bâtiments de commerce, celui du capitaine, du maître ou patron, ou celui de l'écrivain, pourront être reçus par ceux qui viennent après eux dans l'ordre du service, en se conformant pour le surplus aux dispositions de l'article précédent.

990 Dans tous les cas, il sera fait un double original des testaments mentionnés aux deux articles précédents.

991 Si le bâtiment aborde dans un port étranger dans lequel se trouve un consul de France, ceux qui auront reçu le testament seront tenus de déposer l'un des originaux, clos ou cacheté, entre les mains de ce consul, qui le fera parvenir au ministre de la marine; et celui-ci en fera faire le dépôt au greffe de la justice de paix du lieu du domicile du testateur.

992 Au retour du bâtiment en France, soit dans le port de l'armement, soit dans un port autre que celui de l'armement, les deux originaux du testament, également clos et cachetés, ou l'original qui resterait, si, conformément à l'article précédent, l'autre avait été déposé pendant le cours du voyage, seront remis au bureau du préposé de l'inscription maritime; ce préposé les fera passer sans délai au ministre de la marine, qui en ordonnera le dépôt, ainsi qu'il est dit au même article.

993 Il sera fait mention sur le rôle du bâtiment, à la marge, du nom du testateur, de la remise qui aura été faite des originaux du testament, soit entre les mains d'un consul, soit au bureau d'un préposé de l'inscription maritime.

994 Le testament ne sera point réputé fait en mer, quoiqu'il l'ait été dans le cours du voyage, si au temps où il a été fait, le navire avait abordé une terre, soit étrangère, soit de la domination française, où il y aurait un officier public français : auquel cas, il ne sera valable qu'autant qu'il aura été dressé suivant les formes prescrites en France, ou suivant celles usitées dans les pays où il aura été fait.

995 Les dispositions ci-dessus seront communes aux testaments faits par les simples passagers qui ne feront point partie de l'équipage.

996 Le testament fait sur mer, en la forme prescrite par l'article 988, ne sera valable qu'autant que le testateur mourra en mer, ou dans les trois mois après qu'il sera descendu à terre, et dans un lieu où il aura pu le refaire dans les formes ordinaires.

997 Le testament fait sur mer ne pourra contenir aucune disposition au profit des officiers du vaisseau s'ils ne sont parents du testateur.

Les testaments compris dans les articles ci-dessus de la présente section seront signés par les testateurs et par ceux qui les auront reçus.

998 Si le testateur déclare qu'il ne sait ou ne peut signer, il sera fait mention de sa déclaration, ainsi que de la cause qui l'empêche de signer.

Dans les cas où la présence des deux témoins est requise, le testament sera signé.

999 Un Français, qui se trouvera en pays étranger, pourra faire ses dispositions testamentaires par acte sous signature privée, ainsi qu'il est prescrit en l'article 970, ou par acte authentique, avec les formes usitées dans le lieu où cet acte sera passé.

1000 Les testaments faits en pays étranger ne pourront être exécutés sur les biens situés en France qu'après avoir été enregistrés au bureau du domicile du testateur, s'il en a conservé un, sinon au bureau de son dernier domicile connu en France ; et dans le cas où le testament contiendrait des dispositions d'immeubles qui y seraient situés, il devra être, en outre, enregistré au bureau de la situation de ces immeubles, sans qu'il puisse être exigé un double droit.

1001 Les formalités auxquelles les divers testaments sont assujettis par les dispositions de la présente section et de la précédente doivent être observées à peine de nullité.

1003 Le legs universel est la disposition testamentaire par laquelle le testateur donne à une ou plusieurs personnes l'universalité des biens qu'il laissera à son décès.

1004 Lorsqu'au décès du testateur il y a des héritiers auxquels une quotité de ses biens est réservée par la loi, ces héritiers sont saisis de plein droit, par sa mort, de tous les biens de la succession ; et le légataire universel est tenu de leur demander la délivrance des biens compris dans le testament.

1006 Lorsqu'au décès du testateur, il n'y aura pas d'héritiers auxquels une quotité de ses biens soit réservée par la loi, le légataire universel sera saisi de plein droit par la mort du testateur, sans être tenu de demander la délivrance.

1007 Tout testament olographe sera, avant d'être mis à exécution, présenté au président du tribunal de première instance de l'arrondissement dans lequel la succession est ouverte. Ce testament sera ouvert, s'il est cacheté. Le président dressera procès-verbal de la présentation, de l'ouverture et de l'état du testament, dont il ordonnera le dépôt entre les mains du notaire par lui commis.

Si le testament est dans la forme mystique, sa présentation, son ouverture, sa description et son dépôt seront faits de la même manière ; mais l'ouverture ne pourra se faire qu'en présence de ceux des notaires et des témoins, signataires de l'acte de suscription, qui se trouveront sur les lieux, ou eux appelés.

1008 Dans le cas de l'article 1006, si le testament est olographe ou mystique, le légataire universel sera tenu de se faire envoyer en possession par une ordonnance du président, mise au bas d'une requête à laquelle sera joint l'acte de dépôt.

1035 Les testaments ne pourront être révoqués en tout ou en partie, que par un testament postérieur, ou par un acte devant notaires, portant déclaration du changement de volonté.

1036 Les testaments postérieurs, qui ne révoqueront pas d'une manière expresse les précédents, n'annuleront dans ceux-ci que celles des dispositions y contenues qui se trouveront incompatibles avec les nouvelles ou qui y seront contraires.

1037 La révocation faite dans un testament postérieur aura tout son effet, quoique ce nouvel acte reste sans exécution par l'incapacité de l'héritier institué ou du légataire, ou par leur refus de recueillir.

CODE DE PROCÉDURE CIVILE.

907 Lorsqu'il y aura lieu à l'apposition des scellés après décès, elle sera faite par les juges de paix, et, à leur défaut, par leurs suppléants.

908 Les juges de paix et leurs suppléants se serviront d'un sceau particulier, qui restera entre leurs mains, et dont l'empreinte sera déposée au greffe du tribunal de première instance.

909 L'apposition des scellés pourra être requise : 1° par tous ceux qui prétendront droit dans la succession ou dans la communauté ; — 2° par tous créanciers fondés en titre exécutoire, ou autorisés par une permission soit du tribunal de première instance, soit du juge de paix du canton où le scellé doit être apposé ; — 3° et en cas d'absence, soit du conjoint, soit des héritiers ou de l'un d'eux, par les personnes qui demeuraient avec le défunt, et par ses serviteurs et domestiques.

910 Les prétendants droit et les créanciers mineurs émancipés pourront requérir l'apposition des scellés sans l'assistance de leur curateur. — S'ils sont mineurs non émancipés, et s'ils n'ont pas de tuteur, ou s'il est absent, elle pourra être requise par un de leurs parents.

911 Le scellé sera apposé soit à la diligence du ministère public, soit sur la déclaration du maire ou adjoint de la commune, et même d'office par le juge de paix, 1° si le mineur est sans tuteur, et que le scellé ne soit pas requis par un parent ; — 2° si le conjoint, ou si les héritiers ou l'un d'eux sont absents ; —

3º si le défunt était dépositaire public ; auquel cas, le scellé ne sera apposé que pour raison de ce dépôt et sur les objets qui le composent.

912 Le scellé ne pourra être apposé que par le juge de paix des lieux ou par ses suppléants.

913 Si le scellé n'a pas été apposé avant l'inhumation, le juge constatera, par son procès-verbal, le moment où il a été requis de l'apposer, et les causes qui ont retardé soit la réquisition, soit l'apposition.

914 (*a*) Le procès-verbal d'apposition contiendra : 1º la date des an, mois, jour et heure ; 2º les motifs de l'apposition ; 3º les noms, profession et demeure du requérant, s'il y en a, et son élection de domicile dans la commune où le scellé est apposé, s'il n'y demeure ; 4º s'il n'y a pas de partie requérante, le procès-verbal énoncera que le scellé a été apposé d'office ou sur le réquisitoire ou sur la déclaration de l'un des fonctionnaires dénommés dans l'article 911 ; 5º l'ordonnance qui permet le scellé s'il en a été rendu ; 6º les comparutions et dires des parties ; 7º la désignation des lieux, bureaux, coffres, armoires, sur les ouvertures desquels le scellé a été apposé ; 8º une description sommaire des effets qui ne sont pas mis sous les scellés ; 9º le serment, lors de la clôture de l'apposition, par ceux qui demeurent dans les lieux, qu'ils n'ont rien détourné, vu ni su, qu'il ait été rien détourné directement ni indirectement ; 10º l'établissement du gardien présenté s'il a les qualités requises ; sauf, s'il ne les a pas, ou s'il

(*a*) Décret du 10 brumaire an **XIV**, (1ᵉʳ nov. 1805), qui prescrit des formalités pour des procès-verbaux d'apposition de scellés, d'inventaire, etc.

n'en est pas présenté, à en établir un d'office par le juge de paix.

915 Les clefs des serrures sur lesquelles le scellé a été apposé resteront, jusqu'à sa levée, entre les mains du greffier de la justice de paix, lequel fera mention, sur le procès-verbal, de la remise qui lui en aura été faite ; et ne pourront le juge ni le greffier aller, jusqu'à la levée dans la maison où est le scellé, à peine d'interdiction, à moins qu'ils n'en soient requis, ou que leur transport n'ait été précédé d'une ordonnance motivée.

916 Si, lors de l'apposition, il est trouvé un testament ou autre papier cachetés, le juge de paix en constatera la forme extérieure, le sceau et la suscription, s'il y en a, paraphera l'enveloppe avec les parties présentes, si elles le savent ou le peuvent, et indiquera les jour et heure où le paquet sera par lui présenté au président du tribunal de première instance : il fera mention du tout sur son procès-verbal, lequel sera signé des parties, sinon. mention sera faite de leur refus.

917 Sur la réquisition de toute partie intéressée, le juge de paix fera, avant l'apposition du scellé, la perquisition du testament dont l'existence sera annoncée ; et s'il le trouve, il procédera ainsi qu'il est dit ci-dessus.

918 Aux jour et heure indiqués, sans qu'il soit besoin d'aucune assignation, les paquets trouvés cachetés seront présentés par le juge de paix au président du tribunal de première instance, lequel en fera l'ouverture, en constatera l'état, et en ordonnera le dépôt si le contenu concerne la succession.

919 Si les paquets cachetés paraissent, par leur suscrip-

tion, ou par quelque autre preuve écrite, appartenir à des tiers, le président du tribunal ordonnera que ces tiers seront appelés dans un délai qu'il fixera, pour qu'ils puissent assister à l'ouverture : il la fera au jour indiqué, en leur présence ou à leur défaut ; et si les paquets sont étrangers à la succession, il les leur remettra sans en faire connaître le contenu, on les cachetera de nouveau pour leur être remis à leur première réquisition.

920 Si un testament est trouvé ouvert, le juge de paix en constatera l'état, et observera ce qui est prescrit en l'article 916.

921 Si les portes sont fermées, s'il se rencontre des obstacles à l'apposition des scellés, s'il s'élève, soit avant, soit pendant le scellé, des difficultés, il y sera statué en référé par le président du tribunal. A cet effet, il sera sursis, et établi par le juge de paix, garnison extérieure, même intérieure, si le cas y échoit ; et il en référera sur-le-champ au président du tribunal. — Pourra néanmoins, le juge de paix, s'il y a péril dans le retard, statuer par provision, sauf à en référer ensuite au président du tribunal.

922 Dans tous les cas où il sera référé par le juge de paix au président du tribunal, soit en matière de scellé, soit en autre matière, ce qui sera fait et ordonné sera constaté sur le procès-verbal dressé par le juge de paix ; le président signera ses ordonnances sur ledit procès-verbal.

923 Lorsque l'inventaire sera parachevé, les scellés ne pourront être apposés, à moins que l'inventaire ne soit attaqué, et qu'il ne soit ainsi ordonné par le président du tribunal. — Si l'apposition des scellés

est requise pendant le cours de l'inventaire, les scellés ne seront apposés que sur les objets non inventoriés.

924 S'il n'y a aucun effet mobilier, le juge de paix dressera un procès-verbal de carence. — S'il y a des effets mobiliers qui soient nécessaires à l'usage des personnes qui restent dans la maison, ou sur lesquels le scellé ne puisse être mis, le juge de paix fera un procès-verbal contenant description sommaire desdits effets.

925 Dans les communes où la population est de vingt mille âmes et au-dessus, il sera tenu, au greffe du tribunal de première instance, un registre d'ordre pour les scellés, sur lequel seront inscrits, d'après les déclarations que les juges de paix de l'arrondissement seront tenus d'y faire parvenir dans les vingt-quatre heures de l'apposition : 1º les noms et demeures des personnes sur les effets desquels le scellé aura été apposé ; 2º le nom et la demeure du juge qui a fait l'apposition ; 3º le jour où elle a été faite.

930 Tous ceux qui ont droit de faire apposer les scellés pourront en requérir la levée, excepté ceux qui ne les ont fait apposer qu'en exécution de l'article 909 nº 3 ci-dessus.

941 L'inventaire peut être requis par ceux qui ont droit de requérir la levée du scellé.

TABLE DES MATIÈRES.

1144 — Abbeville. — Typ. et stér. Gustave Retaux.

[illegible]

[illegible]
[illegible]
[illegible]
[illegible]

[illegible]

www.ingramcontent.com/pod-product-compliance
Lightning Source LLC
Chambersburg PA
CBHW061752050726
47598CB00002B/716